JANUARY 2022
Sunday
Monday
Tuesday
Wednesday
Thursday
Friday
Saturday
TO DO
February

PISCES
ARIES
TAURUS
GEMINI
CANCER
LEO
VIRGO
LIBRA
SCORPIO
SAGITTARIUS
CAPRICORN
AQUARIUS

2021

SEPTEMBER

Sunday	Monday	Tuesday	Wednesday	Thursday	Friday	Saturday
			1	2	3	4
5	6	7	8	9	10	11
12	13	14	15	16	17	18
19	20	21	22	23	24	25
26	27	28	29	30		

OCTOBER

Sunday	Monday	Tuesday	Wednesday	Thursday	Friday	Saturday
					1	2
3	4	5	6	7	8	9
10	11 Columbus Day	12	13	14	15	16
17	18	19	20	21	22	23
24	25	26	27	28	29	30

NOVEMBER

Sunday	Monday	Tuesday	Wednesday	Thursday	Friday	Saturday
31 Halloween	1	2 Election Day	3	4	5	6
7	8	9	10	11 Veteran's Day	12	13
14 Daylight Savings Time Ends	15	16	17	18	19	20
21	22	23	24	25	26 Thanksgiving Day	27
28	29	30				

DECEMBER

Sunday	Monday	Tuesday	Wednesday	Thursday	Friday	Saturday
			1	2	3	4
5	6	7 Pearl Harbor Remembrance Day	8	9	10	11
12	13	14	15	16	17	18
19	20	21 First Day Of Winter	22	23	24 Christmas EVE	25 Christmas
26	27	28	29	30	31 New Year's EVE	

CAPRICORN

JANUARY 2022

Sunday	Monday	Tuesday	Wednesday	Thursday	Friday	Saturday
						1 New Year's Day
2	3	4	5	6	7	8
9	10	11	12	13	14	15
16	17	18	19	20	21	22
23	24	25	26	27	28	29

TO DO

- ☐
- ☐
- ☐
- ☐
- ☐
- ☐
- ☐
- ☐
- ☐
- ☐
- ☐
- ☐

February

S	M	T	W	T	F	S
		1	2	3	4	5
6	7	8	9	10	11	12
13	14	15	16	17	18	19
20	21	22	23	24	25	26
27	28					

AQUARIUS

FEBRUARY 2022

Sunday	Monday	Tuesday	Wednesday	Thursday	Friday	Saturday
30	31	1	2 Groundhog Day	3	4	5
6	7	8	9	10	11	12 Lincoln's Birthday
13	14 Valentine's Day	15	16	17	18	19
20	21	22 Washington's Birthday	23	24	25	26
27	28					

TO DO

- ☐
- ☐
- ☐
- ☐
- ☐
- ☐
- ☐
- ☐
- ☐
- ☐
- ☐
- ☐

March

S	M	T	W	T	F	S
		1	2	3	4	5
6	7	8	9	10	11	12
13	14	15	16	17	18	19
20	21	22	23	24	25	26
27	28	29	30	31		

PISCES

MARCH 2022

Sunday	Monday	Tuesday	Wednesday	Thursday	Friday	Saturday
		1	2	3	4	5
6	7	8	9	10	11	12
13	14	15	16	17	18	19
20	21	22	23	24	25	26
27	28	29	30	31		

TO DO

- ☐
- ☐
- ☐
- ☐
- ☐
- ☐
- ☐
- ☐
- ☐
- ☐
- ☐
- ☐

April

S	M	T	W	T	F	S
					1	2
3	4	5	6	7	8	9
10	11	12	13	14	15	16
17	18	19	20	21	22	23
24	25	26	27	28	29	30

ARIES

APRIL 2022

Sunday	Monday	Tuesday	Wednesday	Thursday	Friday	Saturday
					1 April Fool's Day	2
3	4	5	6	7	8	9
10	11	12	13	14	15	16
17	18	19	20	21	22	23
24	25	26	27	28	29	30

TO DO

- ☐
- ☐
- ☐
- ☐
- ☐
- ☐
- ☐
- ☐
- ☐
- ☐
- ☐
- ☐

May

S	M	T	W	T	F	S
1	2	3	4	5	6	7
8	9	10	11	12	13	14
15	16	17	18	19	20	21
22	23	24	25	26	27	28
29	30	31				

TAURUS

MAY 2022

Sunday	Monday	Tuesday	Wednesday	Thursday	Friday	Saturday
1	2	3	4	5 Cinco De Mayo	6	7
8	9	10	11	12	13	14
15	16	17	18	19	20	21
22	23	24	25	26	27	28
29	30	31				

TO DO

- ☐
- ☐
- ☐
- ☐
- ☐
- ☐
- ☐
- ☐
- ☐
- ☐
- ☐
- ☐

June

S	M	T	W	T	F	S
			1	2	3	4
5	6	7	8	9	10	11
12	13	14	15	16	17	18
19	20	21	22	23	24	25
26	27	28	29	30		

GEMINI

JUNE 2022

Sunday	Monday	Tuesday	Wednesday	Thursday	Friday	Saturday
			1	2	3	4
5	6	7	8	9	10	11
12	13	14	15	16	17	18
19	20	21	22	23	24	25
26	27	28	29	30		

TO DO

- ☐ ____
- ☐ ____
- ☐ ____
- ☐ ____
- ☐ ____
- ☐ ____
- ☐ ____
- ☐ ____
- ☐ ____
- ☐ ____
- ☐ ____
- ☐ ____

July

S	M	T	W	T	F	S
					1	2
3	4	5	6	7	8	9
10	11	12	13	14	15	16
17	18	19	20	21	22	23
24	25	26	27	28	29	30
31						

CANCER

JULY 2022

Sunday	Monday	Tuesday	Wednesday	Thursday	Friday	Saturday
					1	2
3	4 Independence Day	5	6	7	8	9
10	11	12	13	14	15	16
17	18	19	20	21	22	23
24	25	26	27	28	29	30

TO DO

- ☐
- ☐
- ☐
- ☐
- ☐
- ☐
- ☐
- ☐
- ☐
- ☐
- ☐
- ☐

August

S	M	T	W	T	F	S
	1	2	3	4	5	6
7	8	9	10	11	12	13
14	15	16	17	18	19	20
21	22	23	24	25	26	27
28	29	30	31			

LEO

AUGUST 2022

Sunday	Monday	Tuesday	Wednesday	Thursday	Friday	Saturday
31	1	2	3	4	5	6
7	8	9	10	11	12	13
14	15	16	17	18	19	20
21	22	23	24	25	26	27
28	29	30	31			

TO DO

- ☐
- ☐
- ☐
- ☐
- ☐
- ☐
- ☐
- ☐
- ☐
- ☐
- ☐
- ☐

September

S	M	T	W	T	F	S
				1	2	3
4	5	6	7	8	9	10
11	12	13	14	15	16	17
18	19	20	21	22	23	24
25	26	27	28	29	30	

VIRGO

SEPTEMBER 2022

Sunday	Monday	Tuesday	Wednesday	Thursday	Friday	Saturday
				1	2	3
4	5	6	7	8	9	10
11 Patriot Day	12	13	14	15	16	17
18	19	20	21	22	23	24
25	26	27	28	29	30	

TO DO

- ☐
- ☐
- ☐
- ☐
- ☐
- ☐
- ☐
- ☐
- ☐
- ☐
- ☐
- ☐

October

S	M	T	W	T	F	S
						1
2	3	4	5	6	7	8
9	10	11	12	13	14	15
16	17	18	19	20	21	22
23	24	25	26	27	28	29
30	31					

LIBRA

OCTOBER 2022

Sunday	Monday	Tuesday	Wednesday	Thursday	Friday	Saturday
						1
2	3	4	5	6	7	8
9	10	11	12	13	14	15
16	17	18	19	20	21	22
23	24	25	26	27	28	29

TO DO

- ☐
- ☐
- ☐
- ☐
- ☐
- ☐
- ☐
- ☐
- ☐
- ☐
- ☐
- ☐

November

S	M	T	W	T	F	S
		1	2	3	4	5
6	7	8	9	10	11	12
13	14	15	16	17	18	19
20	21	22	23	24	25	26
27	28	29	30			

SCORPION

NOVEMBER 2022

Sunday	Monday	Tuesday	Wednesday	Thursday	Friday	Saturday
30	31 Halloween	1	2	3	4	5
6	7	8	9	10	11 Veteran's Day	12
13	14	15	16	17	18	19
20	21	22	23	24	25	26
27	28	29	30			

TO DO

- ☐
- ☐
- ☐
- ☐
- ☐
- ☐
- ☐
- ☐
- ☐
- ☐
- ☐
- ☐

December

S	M	T	W	T	F	S
				1	2	3
4	5	6	7	8	9	10
11	12	13	14	15	16	17
18	19	20	21	22	23	24
25	26	27	28	29	30	31

SAGITTARIUS

DECEMBER 2022

Sunday	Monday	Tuesday	Wednesday	Thursday	Friday	Saturday
				1	2	3
4	5	6	7 Pearl Harbor Remembrance Day	8	9	10
11	12	13	14	15	16	17
18	19	20	21	22	23	24 Christmas EVE
25 Christmas	26	27	28	29	30	31 New Year's EVE

TO DO

- ☐
- ☐
- ☐
- ☐
- ☐
- ☐
- ☐
- ☐
- ☐
- ☐
- ☐
- ☐

January

S	M	T	W	T	F	S
1	2	3	4	5	6	7
8	9	10	11	12	13	14
15	16	17	18	19	20	21
22	23	24	25	26	27	28
29	30	31				

Printed in Great Britain
by Amazon

73658414R00015